W0078292

(Selige Ruhe. Ab und zu ein lautes
Schlucken, gefolgt vom Kratzen der
Handrücken über verstoppelte
Gesichtslandschaften. Eine altbayeri-
sche Oase inmitten des Oktoberfestes.
Der lautstarke Frohsinn unter
internationaler Beteiligung scheint
ungehört zu verhallen.)

Hans: Setzt die Maß an, schluckt.

Stille.

Sepp: Schluckt ebenfalls.

Vorwort

Ozapft is.

... *Stille.*

Schorsch: *Das gleiche urtümliche Verhaltensmuster. Nimmt zwei, drei schwere Schlucke, kratzt sich mit dem Handrücken den Schaum von der Oberlippe. Grunzt zufrieden.*

Stille.

Toni: *Folgt jener bayerischen Choreographie. Trinkt. Schluckt. Wischt den Schaum ab. Rülpst leicht, dann: „Deifi, schmeckt des guad.“*

Stille.

Hans: *Löst seinen Blick von der Schaumkrone und meint: „Red dea heid vui.“*

Stille.

Im Kopfschütteln über den Bierkrügen schwingt Unverständnis mit. Ein Tusch der Kapelle zerbricht an der Ruhe des Tisches ...

Ende

Inhalt

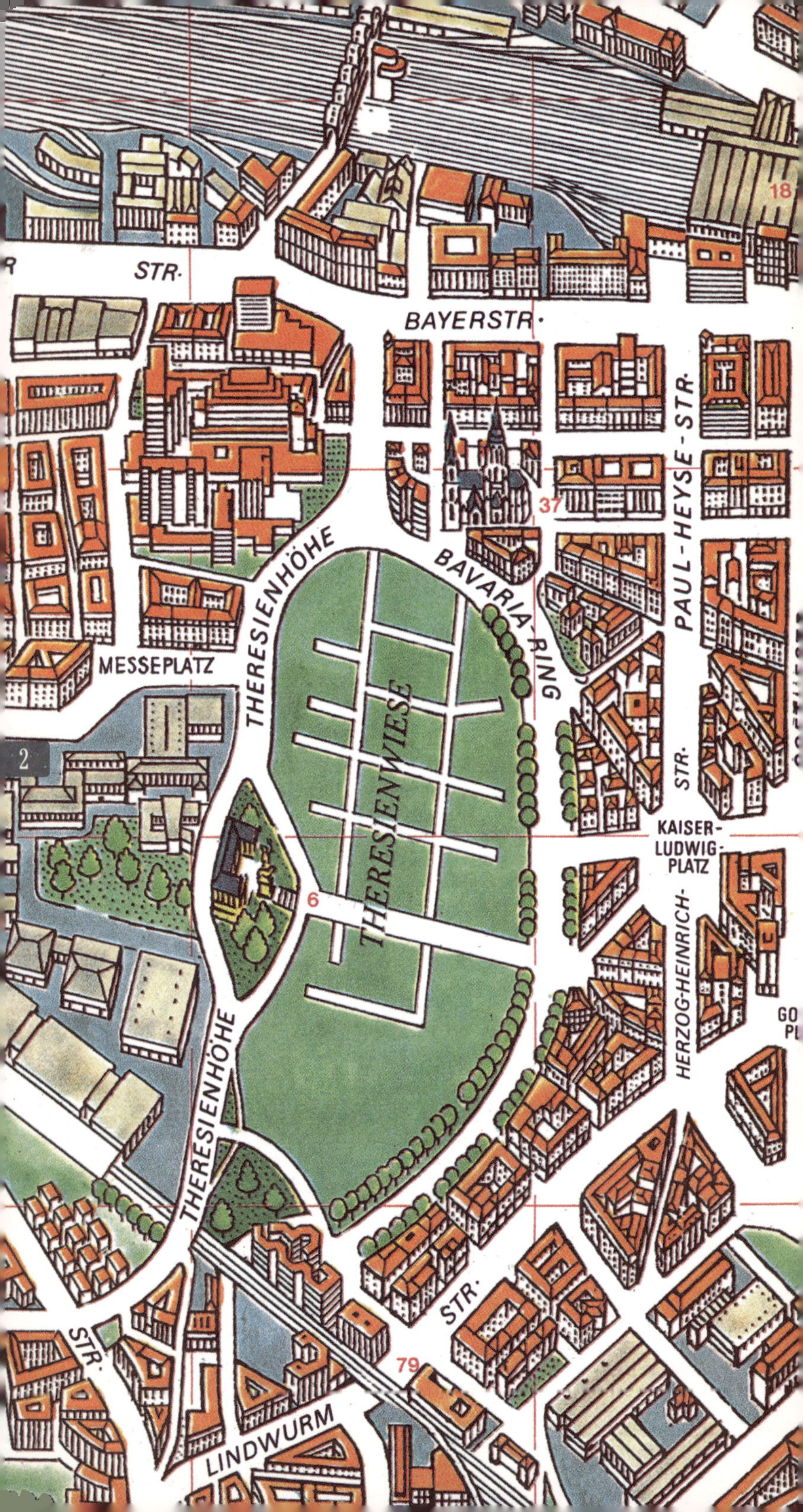
18
STR·
BAYERSTR·
PAUL-HEYSE-STR·
37
THERESIENHÖHE
BAVARIA-RING
MESSEPLATZ
STR·
2
THERESIENWIESE
KAISER-
LUDWIG-
PLATZ
6
HERZOG-HEINRICH-STR·
GO
PL
THERESIENHÖHE
STR·
79
LINDWURM
STR·

MAXIMILIANS-
PLATZ
LENBACH-
PLATZ
KARLSPLATZ
(STACHUS)
PROMENADE-
PL.
THEATINERSTR.
RESIDENZSTR.
MA.
SONNENSTR.
NEU-
HAUSER
STR.
KAUFINGER-
STR.
HERZOG-WILHELM-STR.
SENDLINGER
STR.
MARIEN-
PL.
OBERANGER
SENDLINGER-
TOR-PLATZ
ST-JAKOBS-
PLATZ
VIKTUALIEN-
MARKT
FRAUENSTR.
BLUMEN
CORNELIUS-
TAL
THALKIRCHNER STR.
PESTALOZZISTR.
KARLKIRCHNER STR.
FRAUNHOFERSTR.
GÄRTNER-
PLATZ
STR.
ERHARDT
REICHENBACH-
BRÜCKE
WITTELSBACHER STR.
EDUARD- SCHMID-
OHLMÜLLER
STR.
O.V.

Mindestens 5000 Jahre Bier

Auf die Frage, wann das erste Bier gebraut wurde, gibt es nur eine richtige Antwort: Früher. Fest steht, daß bereits die Babylonier 3000 Jahre vor Christus wußten, wie Bier zubereitet wird. Hier die Faustregel: Man verwandle Gerste in Malz, koche sie in Wasser, seie die Brühe ab und versetze sie mit Hefe. Diese verwandelt den Zucker in Alkohol und Kohlendioxid, und fertig ist das Bier. Weil dieses Getränk in der Urform mitunter erbärmlich schmeckte, verwendete man bald Zutaten wie Koriander, Rosmarin, Ingwer und dergleichen mehr, bis man im Mittelalter auf den Hopfen kam. Meine lieben Biertrinker, das war's. Hopfen aus der Familie der Cannabispflanzen gibt dem Bier Aroma, den blumig-kräuterhaften Bittergeschmack und hilft, es zu konservieren. Wir können jetzt nicht in die Details des Bierbrauens gehen, es gibt sehr, sehr viele. So viele, wie es Biere und Brauereien gibt. Allein in München gab es Dutzende von Braustätten. Fünf blieben übrig, und nur diese dürfen Bier auf der Wies'n ausschenken:

Augustiner Bräu, Hofbräu, Löwenbräu, Paulaner und
Spaten. Die wiederum bieten unterschiedlichste Typen an – und
zum Okoberfest das Festbier: Ursprünglich war es ein im März
gebrautes Bier, weil aus Ermangelung an Kühltechnik im warmen
Sommer kein Bier gebraut werden konnte. Es war ein stärker
gemalztes Bier mit mehr Hopfen, das bis zum Oktober lagern und
reifen durfte. Mittlerweile malzen die Brauereien das Wies'nbier
nicht mehr so stark, und die Hopfenbeigabe kann sich auch nicht an
ihrem alten Vorbild messen – eine Konzession an den veränderten
Geschmack. Sei's drum: Ein Schluck aus der Maß sagt mehr
als tausend Worte – und läßt auf wunderbare Weise keine
Fragen offen.

DIE KLASSIKER

1 MASS
1 Liter – Eine Menge Bier

WEISSBIER
Obergäriges Bier, aus Weizen
statt aus Gerste. Lecker.

RADLERMASS
1 Teil Bier und 1 Teil Zitronenlimonade.
Für Einsteiger.

Ein Verlegenheitsgetränk. Wir schreiben das Jahr 1922.
Die Sonne brannte, das Bier floß, und 13000 Münchner
Radlerfahrerkehlen stürzten sich auf die Biervorräte der
Kugleralm im Süden Münchens. Kurzer-
hand erfand der gewiefte Kugler Xaver die
„Radlermaß“. Streckte ein Teil Bier mit
einem Teil Zitronenlimo und tat so,
als würde er nur aus Nächsten-
liebe handeln. Damit die Gesell-
schaft nicht zu trunken nach
München zurückradelte ...

RUSS'NMASS
1 Teil Weißbier und 1 Teil Zitronenlimonade.
Hoher, „pardon“, Aufstoßfaktor.

Mit der russischen Oktoberrevolution sympathisierende
Soldaten bzw. Gardisten wurden im Volksmund
kurz „Russ“ genannt. Um 1918 bei
ihrer Wacht vor dem Matthäser
Bierkeller nicht einzuschlafen, misch-
ten sie unter das Weißbier Zitronenlimonade. Die „Russ'nmaß“ wurde
bei der Bevölkerung sofort akzeptiert
— deren politische Ideen weniger.

Ein Fest macht
Geschichte oder
Eine Heirat mit
Spätfolgen.
Am 12. Oktober
1810 heiratete
Ludwig, der
Kronprinz von
Bayern, Therese
von Sachsen-
Hildburghausen.
Hof und Landes-
regierung gaben
sich damals
volksnah, ...

... organisierten ein öffentliches
Pferderennen, nannten den
Austragungsort Theresienwiese
und amüsierten sich wahrscheinlich köstlich. Das gemeine Volk
weniger. Für dieses war nämlich
kein Essen, kein Amüsierbetrieb
und schlimmer: kein Bier
vorgesehen. Nur zuschauen
durften die einfachen Leut'.
Das änderte sich 1815.
Die Regierung fand „maßvolles
Zutrauen zu seinen Bürgern
und ließ den Gerstensaft auf dem
alljährlich stattfindenden
Oktoberfest zu. Seitdem hat
sich – prinzipiell – wenig
geändert. Auf der sogenannten
„Wies'n" wird getanzt, gegessen,
sich amüsiert und – nennen wir es
beim Namen: gesoffen ...

... 1835 waren es 240 000,
1910 1,2 Mio. und 1995 über
5 Mio. Maß. Sicherlich
kann man die Bedeutung des
Oktoberfestes auch an diesen
Zahlen ermessen. 5 Mio. Liter
Bier wollen getrunken werden,
und viele Touristen helfen
aufopferungsvoll dabei, ...

... mit diesem Biersee fertig zu
werden. Aber das Oktoberfest hat
auch eine andere Qualität. Es ist der
Ort, an dem sich Bayern und
insbesondere München ein bißchen
zelebriert. Mal als Original, mal als
Kopie. Aber immer mit hohem
Unterhaltungswert. Nirgendwo sonst
auf der Welt sieht man so viele
Ledertrachten wie hier. Wo es etwas
derber zugeht, sitzen und liegen die Menschen, die einen gutturalen, auch für Deut-
sche nur schwer verständlichen Dialekt
sprechen – Bajuwarisch eben ...

14

...Und wenn einer dieser hochanständigen Menschen nicht mehr gerade gehen kann, dann heißt das noch lange nichts. Es ist „Wies'nzeit", und da sieht der Gang halt ein wenig anders aus. Außerdem steht ein soziokulturelles Phänomen zum Erlebnis frei. Wahrscheinlich kommt es nirgendwo sonst zu einer solch starken Vermischung aller gesellschaftlichen Schichten. Woran das liegt? Am Bier. Es gibt dieses Getränk nur in Litergefäßen, der Maß. Übrigens kommt ausschließlich Münchener Bier zum Ausschank. Das ist Gesetz. Nach vielen verschiedenen Moden hat sich das Wies'n-Märzen durchgesetzt. Ein stärker gehopftes Bier mit mehr Stammwürze und mehr Alkohol. Der Brauer Gabriel Sedlmayr führte es 1868 erstmals ein ...

... Nun, wo getrunken wird, wird auch gegessen. Alle Jahre wieder sind das etwa 55 000 Schweinshaxen, 370 000 Schweinswürstel und 629 000 Brathendl. Zuspruch erhalten aber auch die bayerischen Spezialitäten, die sogenannten „Schmankerl", denen dieses Buch gewidmet ist. Sie sind einfach nachzukochen, herzhaft, unkompliziert und harmonieren wunderbar auch mit Bier aus Amerika, England, Italien, Japan, Neuseeland, Australien, China, Indien, Mexico, Schleswig-Holstein ... Prost Mahlzeit!*

An Guadn!*

18

19

Griebenschmalz mit Bauernbrot

1 kg fetten oder
grünen Speck
(Rückenspeck
vom Schwein)
2 gewürfelte Zwiebeln
Gewürze wie Salz
Lorbeer
Wacholderbeeren
Nelken
Pfefferkörner

Grünen Speck durch die grobe Scheibe eines
Fleischwolfes drehen. Eine Tasse Wasser
und gewürfelte Zwiebeln hinzugeben und so
lange leise köcheln, später schmurgeln lassen,
bis der Speck klar wird und man die kleinen
Grammeln am Topfboden sieht. In Steingutbehälter
füllen und auskühlen lassen. Mit frischem Brot
und einer Maß reichen.

22

23

SCHWARZER UND
WEISSER PRESSACK
24

ZUTATEN FÜR
4 PERSONEN

20 dünne Scheiben
schwarzen Preßsack
20 Scheiben weißen Preßsack
(die Zubereitung ist dieselbe)
2 mittelgroße Zwiebeln,
in Ringe geschnitten
8 Eßl. Apfelessig
2 Eßl. Sonnenblumenöl
Salz; 1 Prise Zucker
geschroteter schwarzer Pfeffer

Salz, Zucker und Pfeffer
in Essig verrühren, bis sich Salz
und Zucker aufgelöst haben. Öl hinzugeben und verrühren. Zwiebelringe in
die Marinade geben. Pelle vom Preßsack abziehen. Scheiben flach auf einen
Teller legen und mit der Marinade
begießen. Dazu einen gemischten Brotkorb servieren.

WURSTSALAT

ZUTATEN FÜR
4 PERSONEN

½ Ring geräucherte Stadtwurst
2 mittelgroße Zwiebeln
8 Eßl. Apfelessig
3 Essiggurken
2 Eßl. Sonnenblumenöl
Salz; 1 Prise Zucker
schwarzer Pfeffer
aus der Mühle

Salz, Zucker und Pfeffer im Essig verrühren, bis sich Salz und Zucker aufgelöst hat. Öl hinzugeben und verrühren. Pelle von der Wurst abziehen. Die Wurst in Ringe schneiden, ebenso die Zwiebeln und die Essiggurken. Alles unter die Marinade mischen und ca. 1 Stunde ziehen lassen. Kurz umrühren, mit Schnittlauchbrot und Radieschen servieren. Regensburger und Lyoner kann man ebenso verwenden, aber mit geräucherter Stadtwurst schmeckt der Wurstsalat am besten.

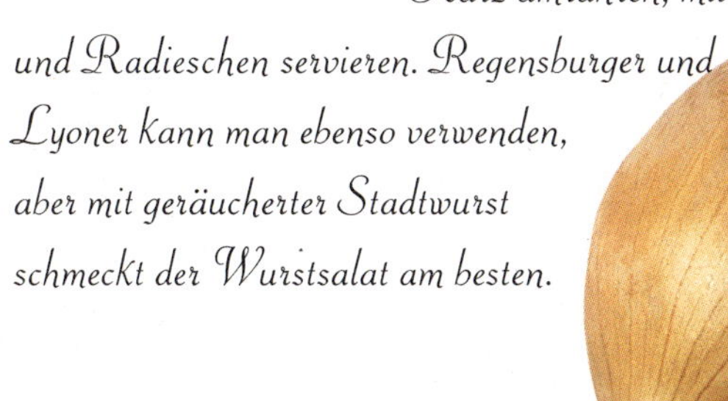

30

Das Oktoberfest wartet für den Vegeta-
rier mit einem ungemein breiten Angebot
auf – dem Radieserl. Jede Menge
Vitamine, keine Kalorie, ein bisserl
scharf, kurz: hochgesund. Außerdem gibt's
noch den dicken Bruder – „den Radi".
Auch eine Wurzel. Weiß, lang, saftig
und meist hauchdünn wie eine Girlande
serviert. Man läßt ihn gerne etwas
„weinen", sprich: Man fügt
etwas Salz hinzu.

OBATZDA ODER O'BATZTER

ZUTATEN FÜR
4 PERSONEN

200 g Rahmquark
100 g Camembert
60 g Weißlacker (Susanne vom
Tölzer Kasladen fragen)
50 g Butter; etwas Kümmel
eine Prise Rosenpaprika
Salz; schwarzen Pfeffer
1 kleine feingewürfelte Zwiebel
etwas Bier

Rahmquark, Käse und die Butter zerdrücken oder vermantschen, was auch das Wort „anbatzen" erklärt. Mit Zwiebel, Paprika, Kümmel, Salz und Pfeffer abschmecken und etwas ziehen lassen. Mit Brotkorb servieren und frische Radieschen oder Radi dazu reichen. Da man den Obatzda zum Bier ißt, kann jeder nach Belieben etwas Bier unter den Obatzda mischen, was ihm eine leichte, aber angenehme Bitternote verleiht. Das Originalrezept läßt nur diese Zutaten zu. Es gibt jedoch verschiedene Varianten mit Sardellen, Kapern, Gurken und sonstigen Käsesorten, die auch schmecken. Jeder sollte seine herausfinden.

Obatzda hat manchmal einen scharfen und bitteren Geschmack. Dies kommt daher, daß einige Küchen allerlei Käseabfälle hineingeben. Der Obatzda wird nicht jeden Tag frisch zubereitet, und die geschnittenen Zwiebeln im Obatzda werden schnell sauer und bitter.

34

35

MÜNCHNER LEBERKNÖDELSUPPE

Semmeln würfeln und in Milch einweichen. Zwiebel in Butter goldgelb dünsten. Leber durch die feine Scheibe eines Fleischwolfs drehen und mit eingeweichten Semmeln, Zwiebelwürfeln, Ei und den Gewürzen mischen. Kräftig würzen. Knödel formen und ¼ Stunde in der Rindssuppe leise köcheln lassen. In Suppentellern anrichten und zum Schluß mit geschnittenem Schnittlauch bestreuen.

ZUTATEN FÜR
4 PERSONEN
1 l kräftige Rindssuppe
300 g Rinderleber
2 alte Semmeln
½ Tasse Milch
1 Ei
1 feingewürfelte Zwiebel
10 g Butter
¼ Tl. getrockneten
Majoran; Salz
schwarzen Pfeffer
1 Bund Schnittlauch

Ois echt!

39
100 gr. DM 3,-
Kokoswi
200 gr.

DIE WEISSWURST

*Die Hauptbestandteile der Weißwurst
sind Kalbsfleisch, Petersilie, Gewürze und Ei.
Einige Metzger geben noch feingewürfelten Kalbskopf in die
Weißwürste, welcher den Würsten eine originelle Note gibt.
Nicht zu vergessen ist, daß durch den hohen Gelatineanteil
des Kalbskopfes die Würste wesentlich mächtiger
werden. Natürlich mit frischer Brezel'n
und süßem Senf servieren.*

41

DER SENF

Scharfer Senf zu gebratenen Würsten

Mittelscharfer Senf zu Leberkäs

Süßer Senf zu Weißwürsten

Leberkäse beinhaltet weder
Leber noch Käse. Aus ver-
schiedenen Teilen vom
Schwein und vom Kalb wird
unter Zugabe von Ei und
Pökelsalz eine Farce herge-
stellt, die in Aluminiumformen
gebacken wird. Schmeckt mit
süßem Senf oder auch in der
Semmel für unterwegs. Die
Fleischqualität ist aber das
A und O dieser Erfindung.

Es heißt, es werde deshalb
so viel getrunken, weil die
Schankkellner in einem fort
leere Maßkrüge benötigen.

45

Imog
di

48

Bratwürste auf Sauerkraut

Zutaten für 4 Personen

3 bis 6 Paar Bratwürste pro Person
Öl und Butter zum Braten, Sauerkraut
(siehe Rezept Seite 52)

Butter und Öl in einer Pfanne erhitzen und die Würste
von beiden Seiten goldgelb braten oder grillen. Auf dem Sauerkraut
anrichten und mit dem Bratenfett leicht beträufeln.
Mit scharfem Senf und frischem Brot servieren.

Schlachtplatte mit Sauerkraut

Zutaten für 4 Personen

4 frische Blutwürste
4 frische Leberwürste
400 g geräuchertes Wammerl
(mit dem Sauerkraut
mitkochen)

Für das Sauerkraut

600 g Sauerkraut aus dem Faß
2 Eßl. Zucker
4 Eßl. Obstessig
2 Eßl. Schweineschmalz
3 Zwiebeln in Streifen
$1/8$ l Apfelsaft, $1/8$ l Wasser

Gewürzbeutel aus:
1 Tl. Kümmel
10 Wacholderbeeren
3 Nelken
10 weiße Pfefferkörner
1 Lorbeerblatt
1 Knoblauchzehe

Zubereitung des Sauerkrauts:
Zucker in einem Topf leicht
karamelisieren lassen. Mit Obstessig
ablöschen und einkochen lassen.
Schweineschmalz zugeben und
die Zwiebelstreifen glasig dünsten.
Sauerkraut zugeben, ebenso den
Gewürzbeutel und das Wammerl.
Mit Apfelsaft und Wasser
aufgießen und (mit Deckel) für eine
halbe Stunde in den auf 190° C vorgeheizten Ofen geben. Gewürzbeutel und
Wammerl herausnehmen und,
falls notwendig, mit etwas Speisestärke binden. Falls das
rohe Sauerkraut zu sauer sein sollte, kann man es unter
Wasser etwas abwaschen.

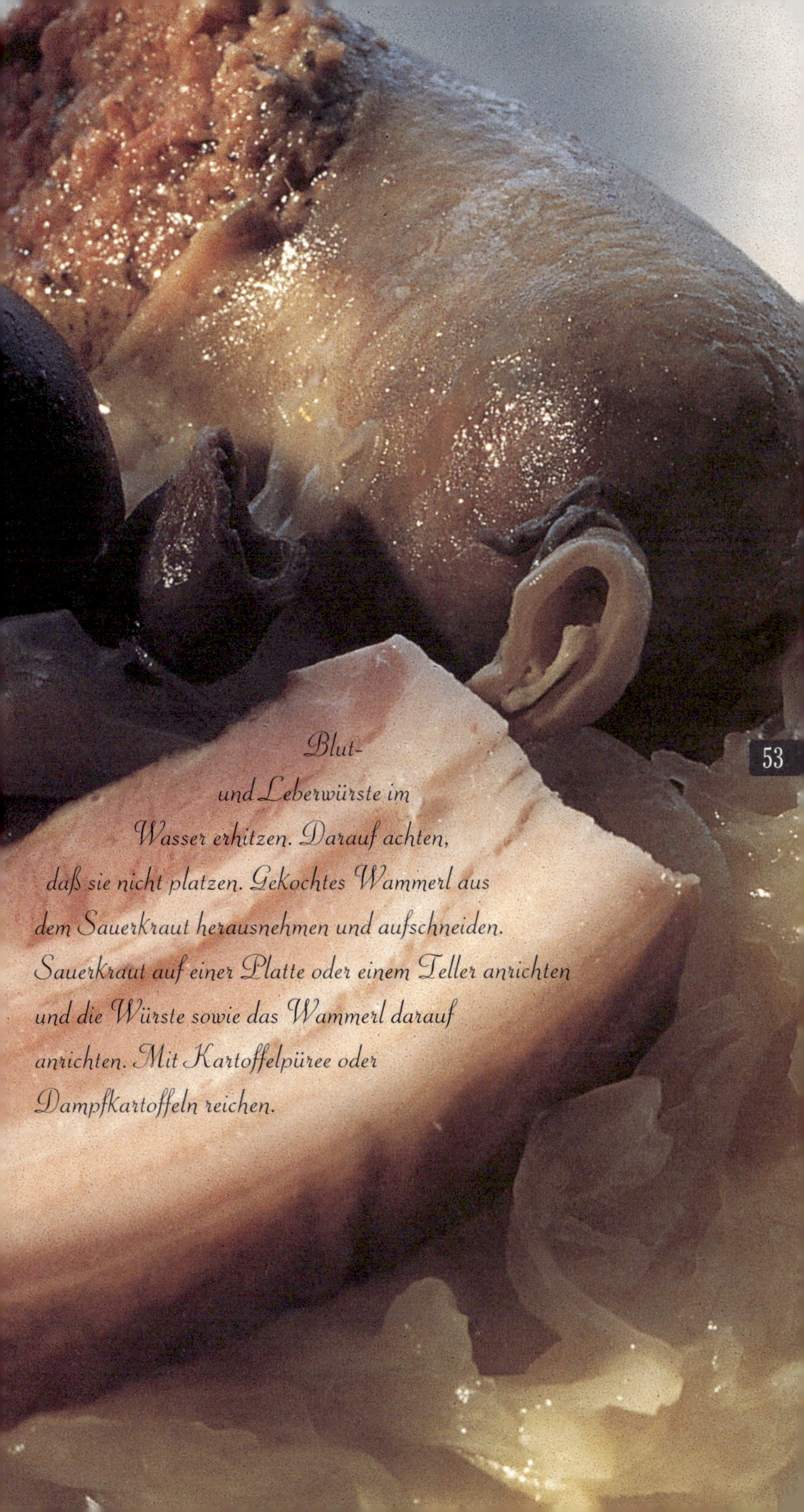
Blut-
und Leberwürste im
Wasser erhitzen. Darauf achten,
daß sie nicht platzen. Gekochtes Wammerl aus
dem Sauerkraut herausnehmen und aufschneiden.
Sauerkraut auf einer Platte oder einem Teller anrichten
und die Würste sowie das Wammerl darauf
anrichten. Mit Kartoffelpüree oder
Dampfkartoffeln reichen.

54

Zutaten für 4 Personen:
ca. 1 kg Schweine-
schulter mit Schwarte
2 ungeschälte Zwiebeln
1 TL Kümmel; Salz
weisser Pfeffer aus
der Mühle
1 Weisskohlkopf
(ca. 1 kg)
2 Essl. Zucker
60 ml Obstessig
2 Zwiebeln
in Streifen (250 g)
1 kleine Knoblauchzehe
2 Essl. Schweineschmalz
ca. 1 TL gehackter
Kümmel
Kartoffelknödel

Schweinebraten mit Bayerisch Kraut und Kartoffelknödel

Die Schwarte der Schweineschulter mit einem scharfen Messer rautenförmig einschneiden. Salzen, pfeffern und mit Kümmel einreiben. Zusammen mit den ungeschälten Zwiebeln und etwas Wasser mit der Schwarte nach oben in eine Bratenrein geben. Ofen auf 220 °C vorheizen und Braten hineingeben. Braten öfters begießen und Hitze evtl. reduzieren, damit die Kruste nicht zu schnell dunkel wird. Die Garzeit beträgt ca. 1¼ bis 1½ Stunden. Zucker leicht karamelisieren lassen, mit Essig ablöschen. Schweineschmalz hinzugeben, Zwiebeln und Knoblauch darin glasig dünsten. In 2 cm große Rauten geschnittenen Kohl hinzugeben, der zuvor von äußeren Blättern …

... und Strunk befreit wurde. Mit
Salz und gehacktem Kümmel würzen, mit etwas Brühe angießen. Mit
Deckel etwa 30 bis 40 Minuten
köcheln lassen; nach Bedarf etwas
Brühe nachgießen. Den Schweine-
braten eine halbe Stunde vor Ende der
Garzeit nicht mehr begießen, damit die
Kruste richtig schön knusprig werden
kann. Mit Kartoffel- oder Semmelknödeln (siehe Seite 61) servieren.

59

Kartoffelknödel und Semmelknödel

Rohe Kartoffeln schälen, reiben und auf einem Sieb mit kochender Milch übergießen. Abtropfen lassen und in eine Schüssel geben. Gekochte Kartoffeln reiben und zusammen mit überbrühten Kartoffeln, Ei, Mehl und Gewürzen zu einem homogenen Teig mischen. Knödel formen, mit ein paar Würfeln geröstetem Brot füllen und in heißem, gesalzenem Wasser 15 bis 20 Minuten köcheln lassen. Herausnehmen, mit Bröselbutter begießen und servieren.
Semmeln in feine Scheiben schneiden und mit der heißen Milch übergießen.

Die Zwiebelwürfel in Butter glasig dünsten, vom Herd nehmen. Petersilie darin erwärmen. Eier, Gewürze und Zwiebel-PetersilienMischung unter die eingeweichten Brotscheiben mischen, bis eine homogene Masse entsteht. Knödel formen und in kochendes Wasser geben (vorher mit Salz reichhaltig würzen, damit die Knödel nicht auslaugen) und ca. 15 bis 20 Minuten ziehen lassen. Bevor man die Knödel ins Wasser gibt, sollte man immer einen Probeknödel kochen. Ist er zu weich, noch etwas Grieß oder Semmelbrösel untermischen.

62

Gegrillte Ente mit Blaukraut und Kartoffelknödeln

Enten auswaschen und trockentupfen, evtl. noch abflämmen. Zwiebeln und Äpfel vierteln und mit Majoran würzen. Enten von innen und außen gut salzen. Mit Zwiebel-Apfel-Mischung füllen und auf einen Spieß stecken und für ca. 1 1/2 Stunden in den Grill geben. Ist kein Grill vorhanden, legt man die Enten in eine vorgeheizte, passende Bratenrein, so daß sie auf der Seite liegen. In den vorgeheizten Ofen geben und bei 210 ° C 20 Minuten auf beiden Seiten braten. Öfters mit dem Bratenfett begießen. Danach auf den Rücken legen und die Hitze auf etwa 180 ° C reduzieren, damit die Haut nicht zu dunkel wird. Weitere 30 Minuten braten. Enten herausnehmen, Brust und Keulen mit einem scharfen Messer lösen. Zusammen mit Knödeln und Blaukraut anrichten. Sauce nicht über die knusprige Haut gießen, sondern separat reichen.

Zutaten für 4 Personen

2 Enten von ca. 1,2 kg
2 Äpfel
2 Zwiebeln mit Schale
1/2 Tl. Majoran
1/2 Tl. Kümmel
Salz; weißer Pfeffer
Wasser zum Angießen

Blaukraut
(siehe Rezept Seite 67)

2
2 cl

Der Dauerbrenner der Wies'n ist
das „Schnabbserl". Unbedingt
eisgekühlt hinunterschütten, sonst
spielt der Alkohol sich zusehr auf.
Der Schnupftabak heißt in Bayern:
„Schmoizla", „Schmä" oder
„Schmai". Das „bairische Kokain"
auf den Daumenrücken häufeln,
eine Nasenöffnung drüberhalten,
durch dieselbige kräftig Luft holen ...
die Gedanken werden alsbald frei,
glasklar und weißblau ...

SCHWEINSHAXE MIT BLAUKRAUT UND KARTOFFELKNÖDELN

Schweinshaxen mit Salz und Pfeffer einreiben.
Mit den ungeschälten Zwiebeln in eine Bratenrein legen, so
daß der schmalere Teil der Haxe nach oben zeigt. In den
auf 210°C vorgeheizten Ofen geben und ab und zu den Bratensatz mit etwas Wasser ablöschen.
Die Haxe sollte ca. 1 Stunde bei dieser
Temperatur garen. Während der restlichen 20 Minuten die Temperatur
erhöhen, damit sich eine schöne Kruste
bilden kann. Nicht mehr begießen.
In der Zwischenzeit Zwiebelstreifen
in Schweineschmalz glasig dünsten
und den Rotkohl hinzugeben.
Gewürzbeutel hinzufügen und mit etwas
Brühe angießen. Bei geschlossenem
Deckel ca. 25 Minuten leise köcheln
lassen. Zum Schluß mit Obstessig
und Preiselbeeren abschmecken.
Mit Kartoffelknödeln (siehe Seite
61) servieren.

ZUTATEN FÜR 4 PERSONEN

4 kleine Schweinshaxen
4 bis 6 kleine Zwiebeln
mit Schale; Salz
weißer gemahlener Pfeffer

ZUTATEN FÜR DAS BLAUKRAUT

800 g Rotkohl (aus dem Glas)
2 Eßl. Schweineschmalz
3 Zwiebeln in Streifen
geschnitten
etwas Brühe zum Kochen
Salz; Zucker
Gewürzbeutel aus
10 Wacholderbeeren
3 Nelken
10 weißen Pfefferkörnern
1 Lorbeerblatt
1 Knoblauchzehe

Ausgleichssport

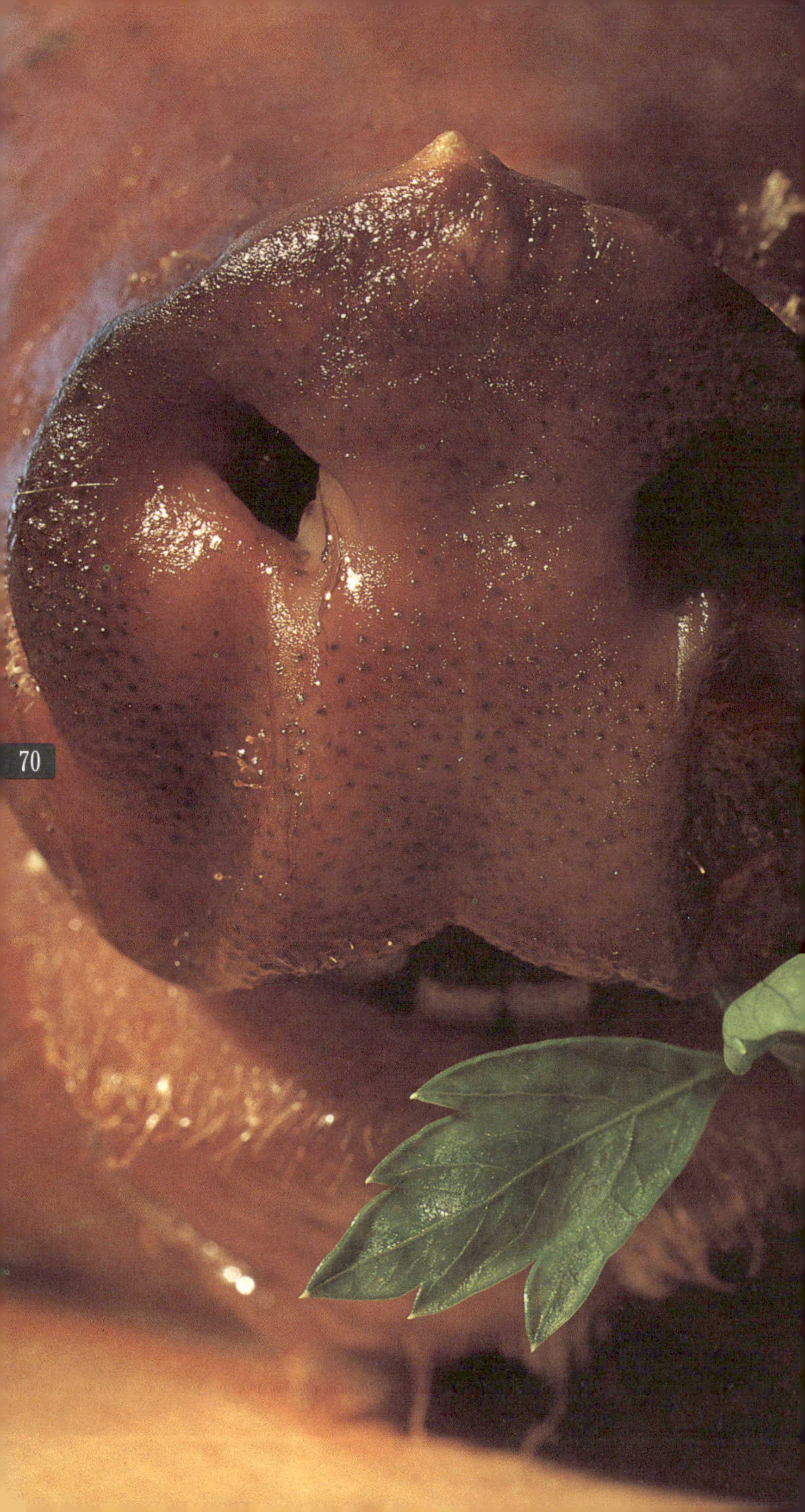
70

SPANFERKEL

Spanferkel von ca. 12 kg gut einsalzen und auf einen Spieß stecken. Über dem Grill etwa 4 bis 5 Stunden langsam garen lassen. Zwischendurch mit Bier bestreichen. Zum einen gibt dies dem Spanferkel einen wunderbar würzigen Geschmack, zum anderen karamelisiert der Zucker im Bier und gibt der Kruste ihre resche Konsistenz. Der Kopf ist immer eine Delikatesse – die Backen und die Zunge sowie der Rüssel sind bei Liebhabern die begehrtesten Stücke. Ein Spanferkel eignet sich hervorragend für kleine Feste mit 15 bis 20 Personen.

72

Wer einen Fisch „bairisch" auf Bier schwimmen lassen will, der greift zwischendurch zu einem „Schdegalfisch". Nur Fische mit viel gesundem Fischöl (z. B. Makrelen), sind für das Grillen über der Holzkohlenglut geeignet. Schmeckt gut zu Bier.

GEBRATENE KALBSHAXE
MIT SEMMELKNÖDELN

74

ZUTATEN FÜR
4 PERSONEN

2 Kalbshaxen, ca. 2,5 kg, mit Knochen; 400 g Wurzelgemüse, zu gleichen
Teilen bestehend aus grob geschnittenen Karotten, Zwiebel, Knollensellerie;
2 Knoblauchzehen; 3 Lorbeerblätter; 2 Nelken; Salz;
weißer Pfeffer; edelsüße Paprika; 60 g Butter; 3 Eßl. Öl zum Anbraten;
Wasser zum Angießen

Kalbsstelzen mit Salz, Pfeffer und Paprika einreiben.
In einem passenden Topf Butter und Öl erhitzen und die Stelzen
hinzugeben. Von allen Seiten anbraten und in den auf 220 °C vorgeheizten
Ofen geben. Mit der Butter begießen. Falls sich Bratensatz bildet,
immer wieder mit etwas Wasser lösen. Nach 1 Stunde das Wurzelgemüse
und die Gewürze hinzugeben. Weitere 30 bis 45 Minuten garen lassen. Öfters
begießen und wenden. Mit einer Fleischgabel prüfen, ob das Fleisch weich ist.
Herausnehmen und vom Knochen lösen. Den Bratensatz mit etwas
Wasser lösen und passieren. Abschmecken und eventuell mit
Speisestärke binden. In Scheiben schneiden und mit
Semmelknödeln servieren.

Auf dem Oktoberfest kann man es krachen lassen wie sonst nirgends. 14 Tage lang sorgen 629 Schausteller und 9 Bierzelte für Stimmung bei den mehr als 7 Millionen Besuchern!

78

79

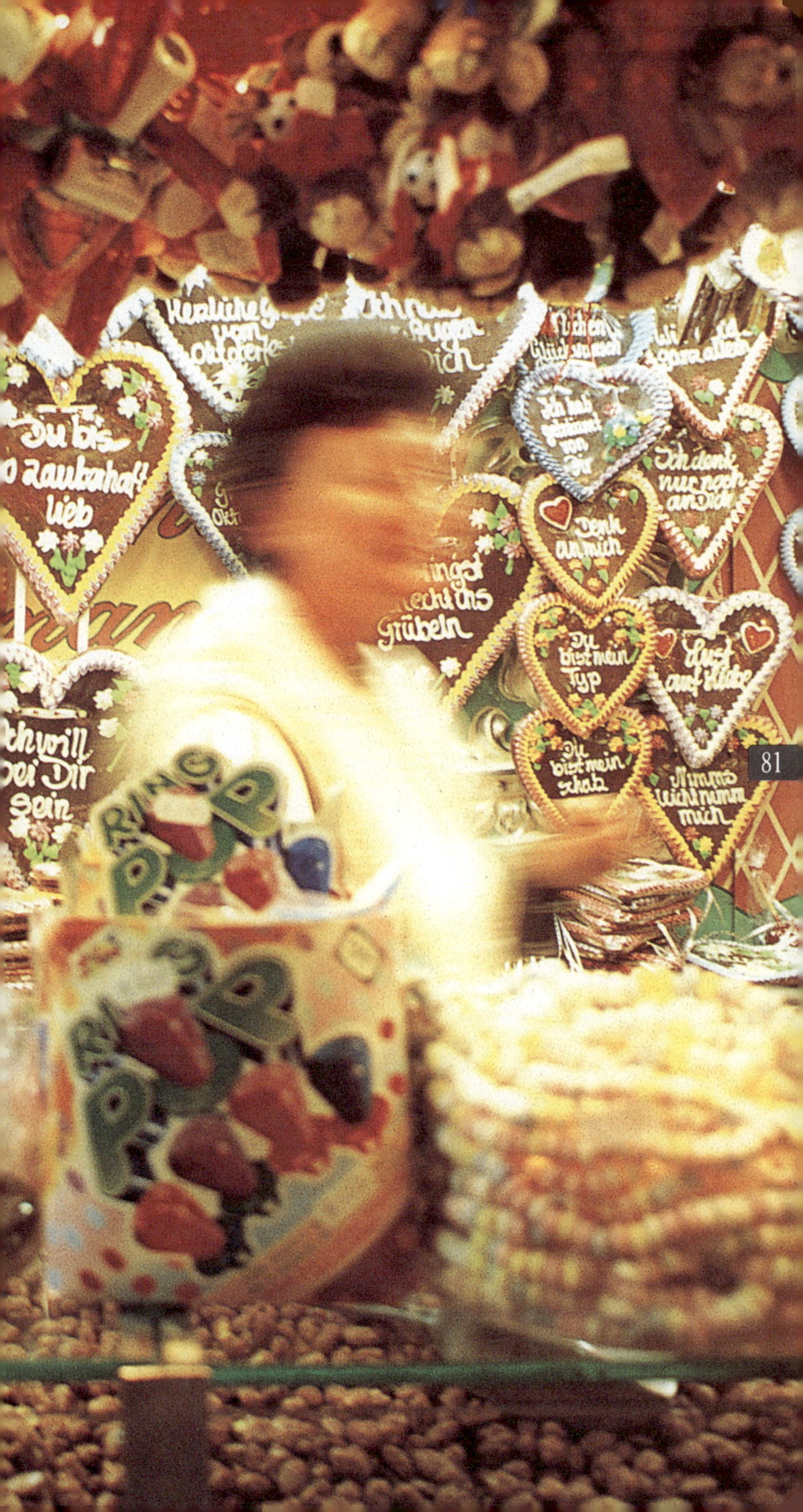
Denk an mich
Du bist mein Typ
Grübeln

Gebrannte Mandeln. So nennt man
in Zucker karamelierte Mandeln,
denen beim Erkalten noch ein wenig
feine Butter untergejubelt wird.
Jeder Stand hat da sein eigenes
Rezept. Lecker!
Zu Risiken und Nebenwirkungen
fragen Sie Ihren Zahnarzt oder
Zahntechniker.

APFELSTRUDEL

Äpfel schälen, Gehäuse entfernen und Apfel in dünne Scheiben schneiden. Mit Zitronensaft, Rosinen, Zucker und Zimt in einer Schüssel vermischen. Strudelteig auslegen und mit flüssiger Butter bestreichen. Mit Kuchenbröseln bestreuen und die Äpfel darauf plazieren. Einrollen und auf ein gefettetes Blech legen ...

ZUTATEN FÜR
8 PERSONEN

1200 g Boskop-Äpfel
60 g in Rum eingeweichte Rosinen
110 g flüssige Butter
1 Eßl. Kuchenbrösel oder Zwiebackbrösel
Saft einer halben Zitrone
30 g Zucker
eine Prise gemahlener Zimt

250 g Strudelteig
(siehe Rezept)

Den Strudel mit der restlichen Butter bestreichen und in den auf 210° C vorgeheizten Ofen schieben. Etwa 35 Minuten backen, die Hitze gegebenenfalls reduzieren, wenn der Strudel zu dunkel wird. Strudel abkühlen lassen, schneiden und mit Puderzucker bestreuen. Mit Vanillesauce oder geschlagener Sahne servieren.

ZUTATEN
250 g Mehl, Type 405
20 ml Öl
1 Eigelb
eine Prise Salz
120 ml lauwarmes
Wasser

STRUDELTEIG

Alle Zutaten zu einem
homogenen Teig verkneten und
so lange weiterkneten, bis er glatt
und geschmeidig ist.
Mit Öl bepinseln und unter
einer umgedrehten Schüssel eine
Stunde ruhen lassen. Danach
auf einer mit Mehl bestäubten
Arbeitsfläche mit dem Nudelholz
ausrollen. Auf ein Tuch legen
und nun den Teig über den
Handrücken vorsichtig
ausziehen. Anschließend nach
Belieben füllen.

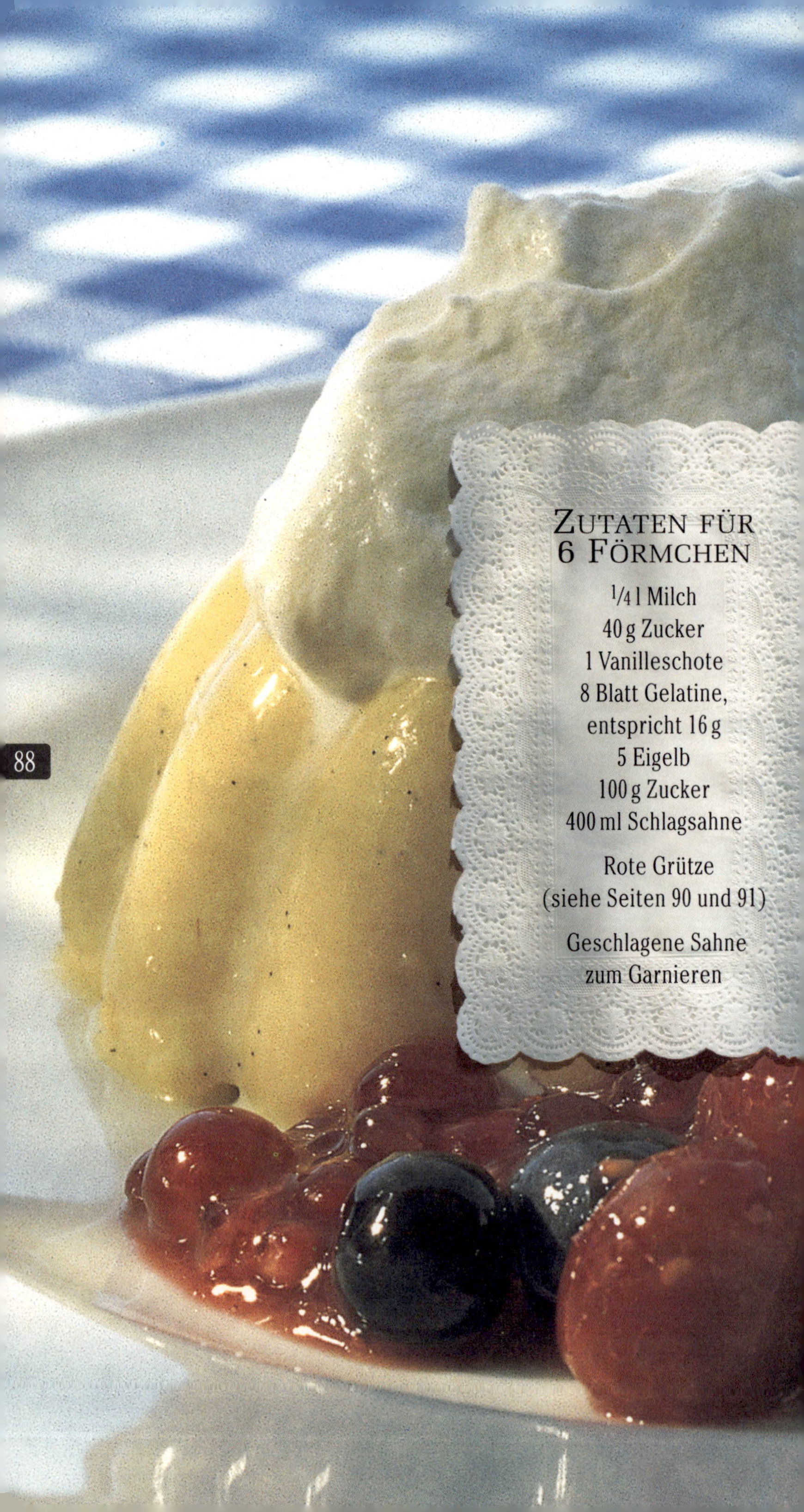

Zutaten für 6 Förmchen

1/4 l Milch
40 g Zucker
1 Vanilleschote
8 Blatt Gelatine,
entspricht 16 g
5 Eigelb
100 g Zucker
400 ml Schlagsahne

Rote Grütze
(siehe Seiten 90 und 91)

Geschlagene Sahne
zum Garnieren

BAIRISCHE CREME
MIT ROTER GRÜTZE

Die Bairische Creme oder Creme Bavaroise hat ihren Namen
der bayerischen Prinzessin Isabeau Baviere zu verdanken.
Sie servierte diese Creme zu besonderen Anlässen und reichte
meistens eine süße Himbeersauce dazu, die in Bayern
auch Rahmsulz genannt wird.

REZEPT
FÜR DIE BAIRISCHE CREME

Milch, Zucker und die halbierte Vanilleschote zum Kochen bringen. Währenddessen Eigelb mit restlichem Zucker schaumig schlagen. Heiße Milch in die Eigelbmasse gießen und über einem Wasserbad zur Rose abziehen. Eingeweichte Gelatine darin auflösen und alles durch ein feines Sieb passieren. In einer Schüssel die Masse unter Rühren auskühlen lassen. Kurz bevor die Masse zu gelieren beginnt, die geschlagene Sahne vorsichtig unterheben. Sofort in Förmchen füllen und für ca. 4 Stunden kalt stellen. Zum Servieren die Förmchen ins heiße Wasser tauchen und auf die Teller stürzen. Mit roter Grütze und geschlagener Sahne garnieren.

REZEPT
FÜR ROTE GRÜTZE

Rotwein, Weißwein, Gewürze und Perlsago so lange köcheln lassen, bis der Sago durchsichtig ist, aber noch seine runde Form hat. Erst jetzt den Zucker hinzufügen. Die festen Bestandteile herausnehmen und die vorbereiteten Früchte hineingeben. Nicht mehr aufkochen lassen. Mit Zitronensaft abschmecken und auskühlen lassen.

Zur Bairischen Creme oder nur mit Vanillesauce servieren.

ROTE GRÜTZE
ZUTATEN FÜR
6 BIS 8 PERSONEN:
700 G VERSCHIEDENE
BEEREN WIE
ERDBEEREN,
HEIDELBEEREN,
ROTE JOHANNISBEEREN,
BROMBEEREN USW.
200 G ZUCKER
250 ML ROTWEIN
375 ML WEISSWEIN
60 G PERLSAGO
SAFT EINER HALBEN
ZITRONE
1 VANILLESTANGE
1 ZIMTSTANGE
2 NELKEN

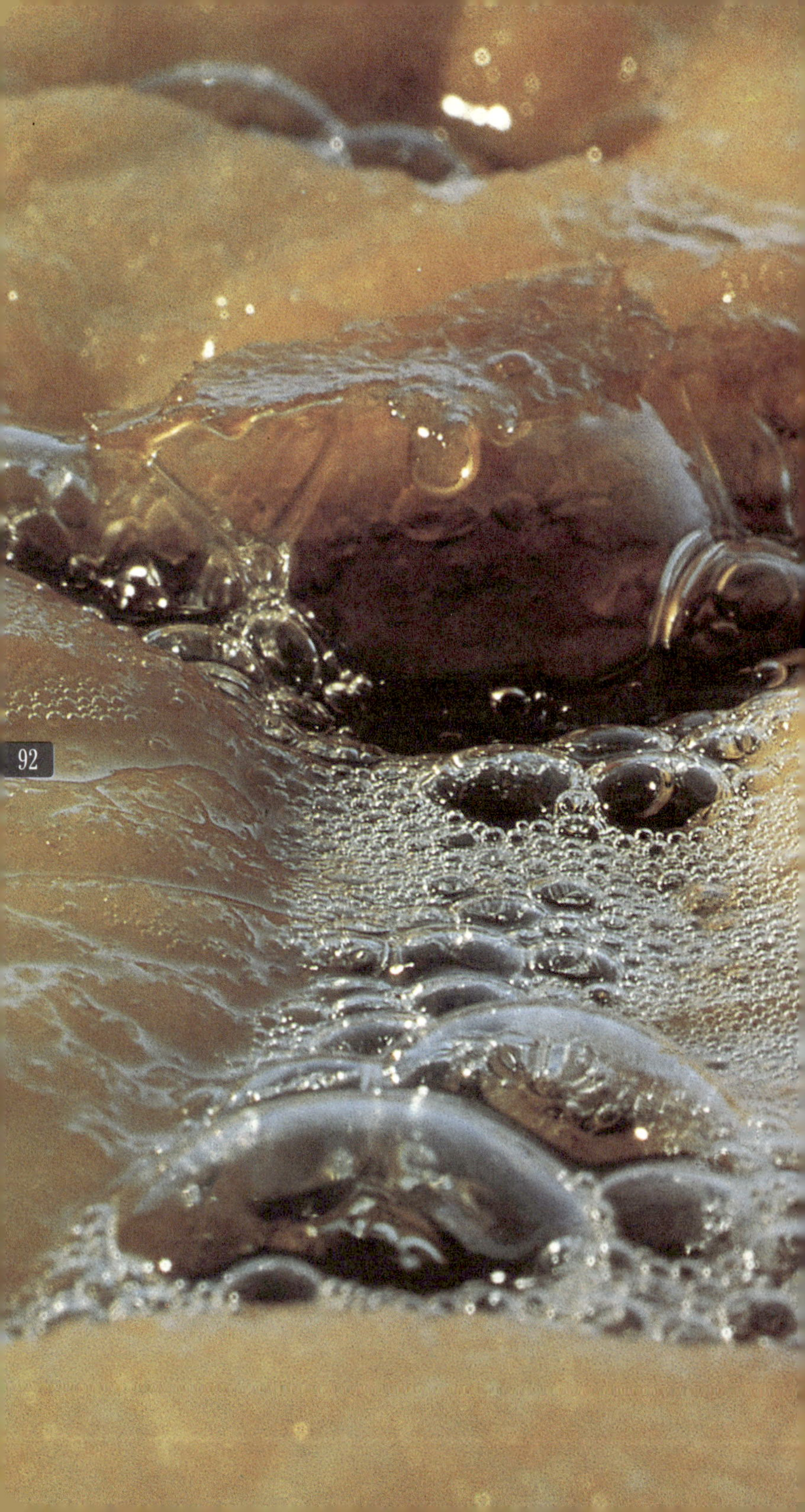

Apfelküchlein mit Puderzucker

4 Äpfel – Boskop
oder Cox Orange
Saft einer Zitrone
2 Eßl. Rum; eine Prise Zimt
30 g Zucker

Für den Teig:
350 g Mehl, Type 405
1/8 l trockener Weißwein
2 Eier; 60 ml Öl
eine Prise Salz

Fritierfett zum Ausbacken
Puderzucker zum Bestreuen

Äpfel schälen, Kerngehäuse ausstechen, Äpfel in 1 cm dicke Scheiben schneiden. Zitronensaft, Rum, Zucker und Zimt verrühren und über die Apfelscheiben träufeln. Die Äpfel darin ca. 20 Minuten marinieren. Mehl, Weißwein und Eigelb mit einem Schneebesen zu einem glatten Teig rühren. Zum Schluß das Öl kräftig in den Teig schlagen. Eiweiß mit einer Prise Salz halbsteif schlagen und vorsichtig unter den Teig heben. Eine halbe Stunde ruhen lassen. Fritierfett auf 160°C erhitzen. Die Apfelringe nacheinander durch den Backteig ziehen und im Fett schwimmend von beiden Seiten goldgelb backen. Zum Abtropfen auf Kreppapier legen. Mit Puderzucker bestäuben und sofort servieren. Vanillesauce ist eine wunderbare Ergänzung.

Die süßeste Sünde seit Adam und Eva …

... jetzt noch süßer. Man nehme Zucker, lasse diesen langsam in einer Pfanne flüssig werden, gebe etwas rote Lebensmittelfarbe hinzu (muß aber nicht), wende darin einen knackigen Apfel, und fertig ist die sündige Köstlichkeit. Vorsicht, kalt werden lassen!

AUSZOG'NE

Für das „Dampferl", den Vorteig,
die Hälfte der Milch erwärmen, Zucker und eine
Prise Salz darin auflösen. Hefe hineinbröckeln
und ebenfalls auflösen. Mit einem Schneebesen
so viel Mehl einrühren, bis ein dickflüssiger Teig ent-
standen ist. Mit einem Tuch bedeckt um die Hälfte
aufgehen lassen. Mehl in eine Schüssel sieben,
Eier, die restliche Milch, Zitronenschale, weiche Butter sowie das Dampferl zugeben und zu einem glatten
Teig ausarbeiten. Der Teig muß sich beim Schlagen
selber vom Boden lösen. Zugedeckt 30 Minuten
an einem warmen Ort gehen lassen. Danach den Teig
nochmals schlagen und erneut 30 Minuten gehen lassen. In 70 g schwere Teigstücke zerteilen.
Mit beiden Händen von der Mitte aus den Teig
nach außen ziehen, so daß Fladen von ca. 15 cm
Durchmesser entstehen. In der Mitte muß der Teig
sehr dünn sein, darf aber nicht reißen. Auf einem
bemehlten Tuch 10 Minuten gehen lassen. Fritierfett
auf 160°C erhitzen. Die Auszog'ne nacheinander
schwimmend goldgelb von beiden Seiten backen.
Beim Backen müssen sich die Auszog'ne in der
Mitte wölben. Zum Abtropfen auf Kreppapier
legen. In Vanillezucker wenden und sofort servieren.
Dieses Ausziehen des Teiges hat den Begriff
Auszog'ne geprägt.

CAFÉ
100

ZUTATEN FÜR
10 BIS 12 STÜCK:
500 G MEHL, TYPE 405
42 G FRISCHE HEFE
180 ML MILCH
80 G WEICHE BUTTER
40 G ZUCKER
2 EIER; 2 EIGELB
EINE PRISE SALZ
ABGERIEBENE SCHALE
EINER HALBEN ZITRONE
FRITIERFETT ZUM
AUSBACKEN
VANILLEZUCKER
ZUM WENDEN

Kaiserschmarren mit Rosinen

Zutaten für 4 Personen

70 g Mehl, Type 405; 200 ml Milch
10 g Zucker; eine Prise Salz
6 Eier; 20 g Butterschmalz
30 g in Rum eingeweichte Rosinen
50 g Puderzucker
Puderzucker zum Bestäuben

Mehl, Milch, Zucker und Salz verrühren und die Eier mit einer Gabel vorsichtig unterschlagen. Die zähe Konsistenz des Eiweißes sollte im Teig noch spürbar sein. Butterschmalz in einer beschichteten Pfanne erhitzen und Teig hineingeben. Hat der Teig von unten eine goldgelbe Farbe, kann man ihn wenden. Den Teig danach mit zwei Gabeln in nicht zu kleine Stücke reißen. Rosinen zugeben und alles mit 50 g Puderzucker bestreuen. Die Mehlspeise so lange in der Pfanne schwenken, bis der Zucker zu karamelisieren beginnt und der Kaiserschmarren sein typisches Glänzen bekommt. In der Pfanne auf den Tisch bringen und mit Puderzucker bestäuben. Preiselbeerkompott oder Zwetschgenröster sind die besten Beilagen.

OKTOBERFEST
MÜNCHEN

105

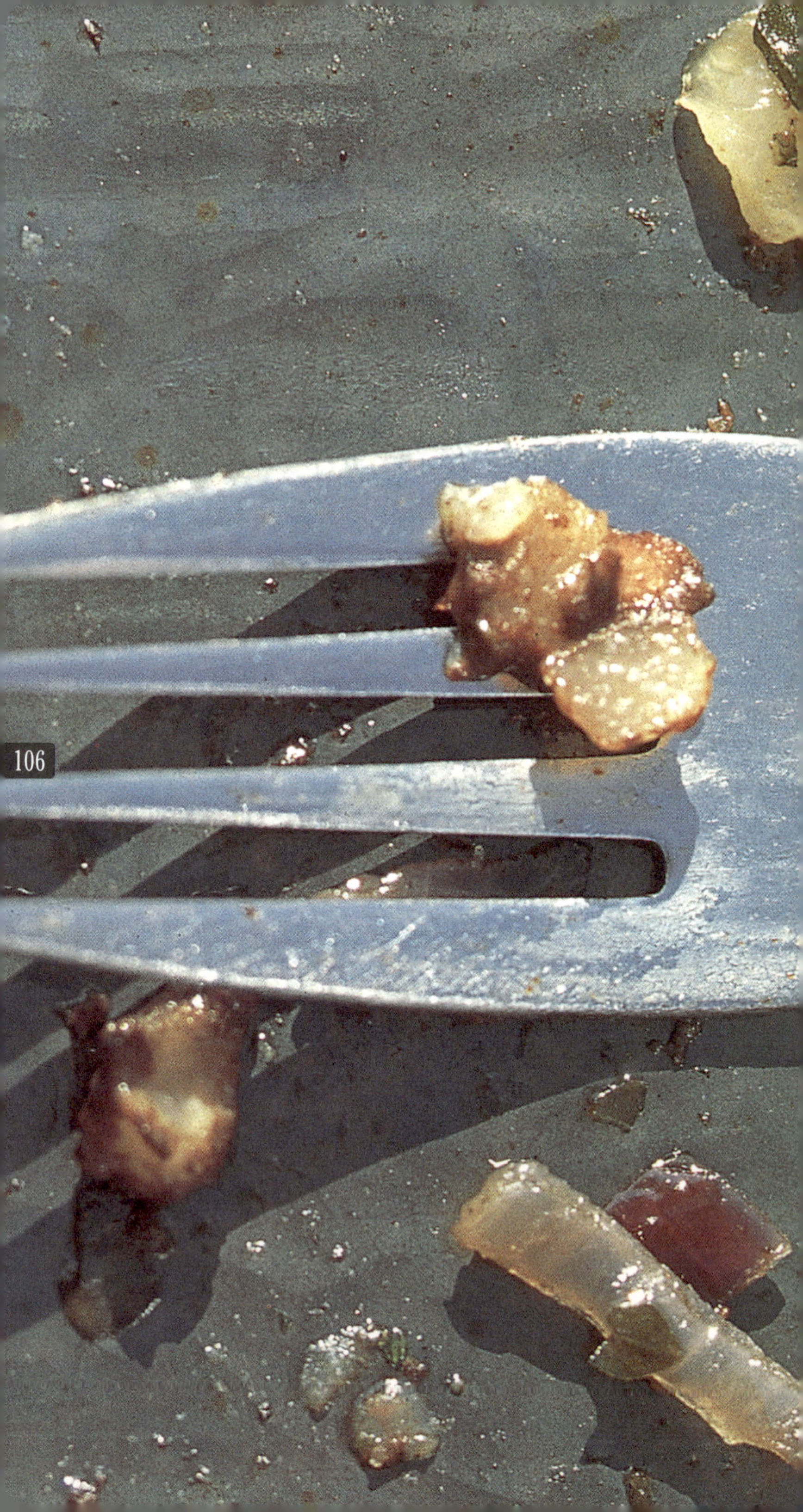

106

107

"Mmmmmh ..."

“... mmahhm ...“

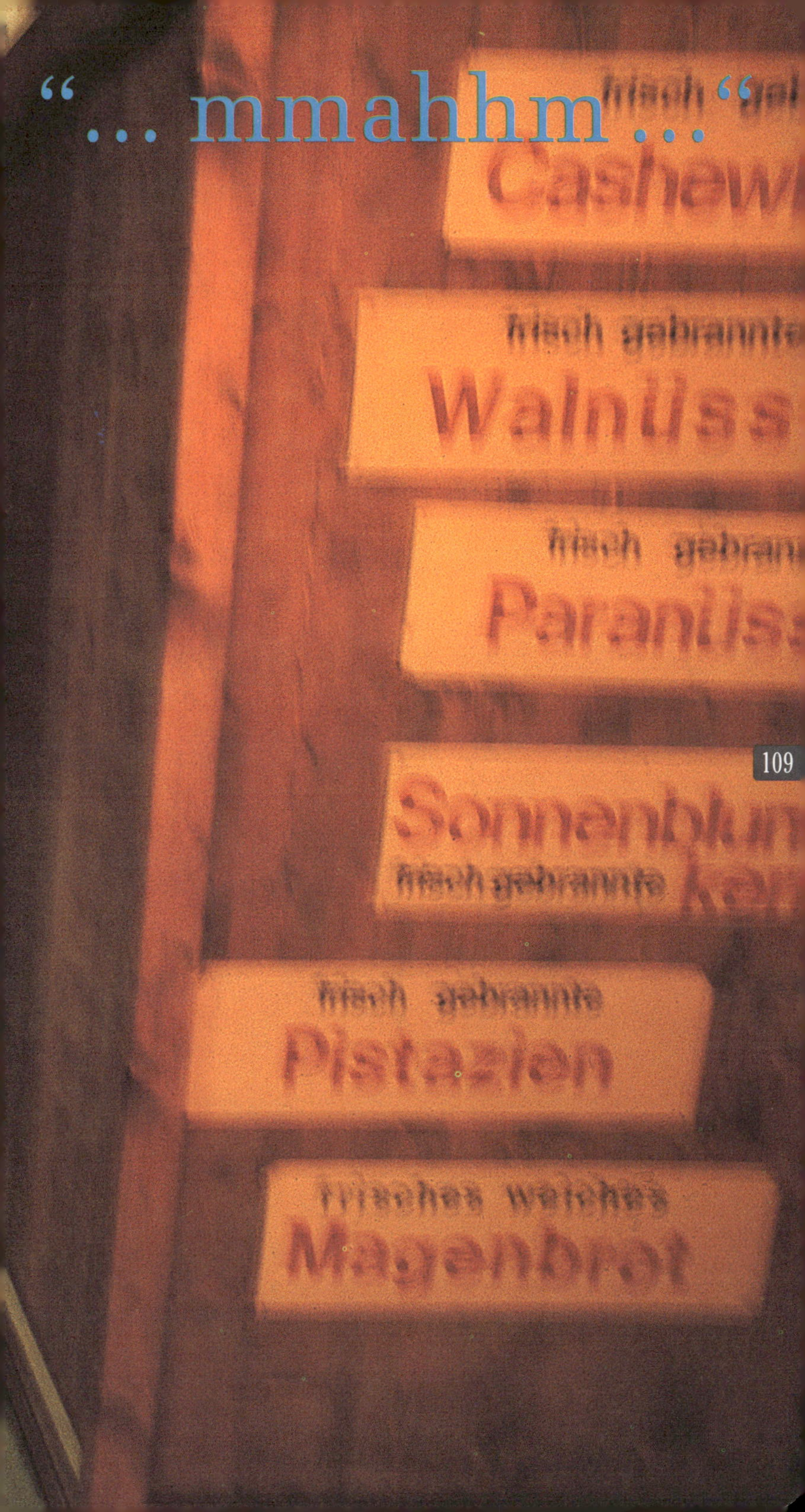
frisch gebrannte
frisch gebrannte
Pistazien
frisches weiches
Magenbrot

110

111

112

SENSORIUM
MAGIC

Sprachführer

[*Bajuwarisch – Deutsch*]

Wia kimm i zua Wiesn?

[*Wie komme ich zum Oktoberfest?*]

Griasgood, i häd saggrisch gean a Maß und a Breezn.

[*Guten Tag, ich hätte sehr gern einen Liter Bier und eine Brezel.*]

Freilein, biddschee, i häd gean no a Maß und a hoibs Hendl.

[*Bedienung bitte, ich hätte gerne noch einen Liter Bier und ein halbes Brathähnchen.*]

Songs amoi, kenas mia song, wiavui Maß i scho drunga hob?

[*Können Sie mir sagen, wieviel Liter Bier ich schon getrunken habe?*]

D'Rechnung biddschee. Zoin.

[*Die Rechnung bitte. Zahlen.*]

Biddschee, wia gäds'n zua U fünf?

[*Bitte, wie geht es zur U 5?*]

BAJUWARISCH	DEUTSCH
Griasgood!	Guten Tag!
Pfiagood!	Auf Wiedersehen!
I hoass …	Ich heiße …
Wia hoassdn du?	Wie heißt du?
I vaschde nix.	Ich verstehe nichts.
Biddschee noamoi …	Bitte noch mal …
Saggrischn Dank!	Vielen Dank!
Wos kosd des?	Wieviel kostet das?
d'Sau rauslassn	viel Spaß haben
naß fuaddern	Bier trinken
Biabanzen	Bierfaß
Giggal/Hendl	Hähnchen
Schweinas	Schweinefleisch
Zwiefe	Zwiebel
Wuaschd	Wurst
Ja mei …	Da kann man nichts machen …
Tschuidigns, kennas ma häifn?	Entschuldigen Sie, können Sie mir helfen?
Wo muas i ausschdeign?	Wo muß ich aussteigen?

Is dea Bloz no frei?

[Ist dieser Platz noch frei?]

Wos essn do de Eiheimischn fia Sacha?

[Was sind die für die Region typischen Gerichte?]

I mächd biddschee Gnedl anschdod Pomfrids.

[Ich möchte bitte Knödel statt Pommes frites.]

Wo san de Glos, biddschee?

[Wo bitte sind die Toilletten?]

Des is fia Eana. Schdimdaso.

[Das ist für Sie. Stimmt so.]

Wäiche Bsunderheidn gibds do?

[Welche Sehenswürdigkeiten gibt es hier?]

Wos embfains ma?

[Was können Sie mir empfehlen?]

Gibds a boarische Firung?

[Gibt es einen bairische Führung?]

Wann fängds o, wos kosds?

[Wann fängt es an, was kostet es?]